POUR
LA LANGUE FRANÇAISE

FRANCIS DE CROISSET

POUR

LA LANGUE FRANÇAISE

PARIS

LIBRAIRIE PLON

PLON-NOURRIT ET Cie, IMPRIMEURS-ÉDITEURS

8, RUE GARANCIÈRE - 6^e

POUR
LA LANGUE FRANÇAISE

Mesdames, Messieurs (1),

Lorsque votre éminent président M. de Smet de Nayer voulut bien me prier de prendre la parole en ce jour de glorieux et vaillant anniversaire, j'ai accepté avec un empressement qui n'a pas laissé que de surprendre mon entourage.

(1) Ce discours a été prononcé le 9 décembre 1923 à Gand, au théâtre Minard, à la demande de « l'Association flamande pour la vulgarisation de la Langue française » qui célébrait le vingt-cinquième anniversaire de sa fondation.

C'est qu'en effet, une assurance aussi délibérée n'est point dans ma manière. J'ai accoutumé d'avoir plus d'hésitation, d'incertitude et pour tout dire, de timidité.

Mais si, pas plus que d'habitude. je ne comptais aujourd'hui sur mon éloquence, je comptais davantage sur mon émotion.

Je ne me suis pas trompé, car celle que j'éprouve en ce moment est sincère et profonde.

En effet, je n'ai jamais cessé de sentir et d'aimer les liens puissants et doux qui m'enracinent à la Belgique, mon pays d'origine.

Si j'ai maintenant deux patries, c'est ma joie et ma fierté de sentir qu'elles n'en font qu'une seule.

Aussi, lorsque après avoir été blessé en France — oh! pas grièvement —

en 1914, j'ai eu l'honneur en 1915 d'être blessé — oh! bien légèrement encore, sur l'Yser — non loin de cette frontière qui limite, sans les séparer, la Belgique et la France, il m'a semblé que cette fois, la balle qui m'atteignait marquait mon destin en me permettant de donner à la fois à mes deux chers pays un peu de ce que je leur devais.

L'amitié de ces deux pays-là est devenue si attentive, si intime, elle s'est anoblie de si grands souvenirs que désormais elle peut dédaigner les attaques de quelques écrivains primaires et de quelques politiciens plus primaires encore. Il faut plaindre ces esprits sectaires qui préfèrent leur parti à leur Patrie. En dépit de leurs vaines attaques, un sentiment fraternel, fondé sur une confiance réciproque, a pénétré en France jusqu'au cœur du dernier ouvrier des faubourgs, du dernier paysan des campagnes.

Voulez-vous me permettre de vous citer, à titre d'exemple, le mot naïf et touchant d'un petit fusilier marin blessé grièvement à Nieuport et qui avait été parfaitement et affectueusement soigné à l'hôpital de votre généreux et grand docteur Depage à la Panne?

Ce petit fusilier breton était le cadet de quatre frères : l'aîné tué dès les premiers jours sur la Marne ; le deuxième, aviateur, « descendu » en Champagne ; le troisième, blessé à Salonique d'où il rapporta la fièvre.

Le père, dès 1915 avait été porté disparu. La mère, aidée de sa fille, avait continué à labourer le champ. Elle attendait le retour des siens, et la victoire.

C'était une de ces simples familles paysannes, si communes en Belgique et en France et qui sont la force et l'honneur de ces deux pays.

Revenu chez lui, le jeune fusilier reprit la charrue et quoiqu'il arborât un petit ruban à son veston du dimanche, il ne parlait jamais de ce qu'il avait accompli.

Mais à sa mère, à sa sœur, aux voisins, le petit Breton racontait volontiers et avec fierté ses jours de convalescence.

— Tous les soirs, disait-il, la reine venait voir comment j'allais.

— Quelle reine? lui demandait-on. Et toujours il répondait avec un certain agacement :

— Mais la mienne, donc! La reine des Belges!

Ce simple petit mot, n'est-il pas vrai, en dit plus long que bien des commentaires.

Mesdames et messieurs, dans l'hommage fervent, filial, que je suis venu aujourd'hui adresser à la Belgique, je tiens à faire une place privilégiée à cette belle ville de Gand, dont le passé n'est qu'un enseignement continuel de courage, d'énergie et d'indépendance.

Des modèles de civisme et d'héroïsme abondent dans vos annales. La vie d'un Jacques Van Artevelde n'y est pas singulière.

Nous savons combien vous êtes restés dignes de cette Histoire, prodigue en hauts faits, en résistances acharnées, en dévouements sublimes. Nous savons que lorsqu'une cause vous paraît noble et juste, il n'est point de patience, de résolution, de sacrifice dont vous ne soyez capables pour la défendre. Ainsi avez-vous fait. Ainsi faites-vous chaque jour encore pour la défense de la langue française. Aussi m'a-t-il paru qu'il ne saurait y avoir de sujet qui fût mieux désigné pour le traiter brièvement devant vous que l'éloge même de ce langage.

Je m'empresse de donner comme épigraphe à cette étude rapide une phrase souvent attribuée à l'un de vos compatriotes, un de vos compatriotes qui a fait jadis une fort belle carrière et qui vous a d'ailleurs, par la suite, causé quelques ennuis : l'empereur Charles-Quint. Charles-Quint disait « que s'il voulait parler à Dieu, il parlerait espagnol, à des femmes il parlerait italien, à son cheval il parlerait allemand, mais que s'il voulait parler à des hommes il parlerait français. »

Cette opinion, mesdames et messieurs, non seulement vous l'avez partagée mais vous l'avez illustrée par votre

long et patient effort. En effet vous
célébrez aujourd'hui le vingt-cinquième
anniversaire de votre belle ligue, mais
à la vérité, vos parchemins datent de
plus haut.

Comme le dit si bien, dans sa *Culture française en Belgique*, M. Wilmote,
les écrivains gantois, dès le douzième
siècle, riment et content en français.

Vos poètes, au treizième siècle, soutiennent la comparaison avec les meilleurs poètes français. Il suffit pour s'en
convaincre de relire l'œuvre de ce charmant Mathieu de Gand qui fut contemporain d'Adam de la Halle.

Au quatorzième siècle, Jean Lemaire
appelle Georges Chastellain le « Virgile
français », or Chastellain est un Flamand.

Un des plus grands historiens français du quinzième siècle, n'est-ce point
Philippe de Commynes? Commynes

dont Montaigne vantait le langage doux et agréable, et Commynes est Flamand.

Au seizième siècle, vous donnez aux lettres françaises un Marnix.

Un chapitre du traité d'histoire de M. Pirenne, dont le témoignage n'est pas suspect, porte ce titre : *Prédominance de la littérature française dans les Pays-Bas à la fin du treizième siècle.*

« Les chansons françaises, écrit-il, ont bercé l'enfance de nombre de chevaliers flamands, si bien que pour beaucoup d'entre eux, le français a pris vraiment au foyer la place de la langue nationale.

« Comme son suzerain, la féodalité flamande parle et écrit naturellement le français qui s'infiltra même dans une bonne partie de la bourgeoisie. » Et nous avons d'autres témoignages. Les riches

« poorters » de Gand, les échevins et les baillis du quatorzième, rédigent leurs contrats ou leurs actes en français.

Au quinzième et au seizième siècle, non seulement certains de vos compatriotes fondent des écoles françaises à Gand, mais — pour employer un mot alors ignoré et qui pourtant exprime exactement leur dessein — ils font de la propagande ! Témoin ce généreux et infatigable Gérard de Vivre qui, en 1563, ouvre à Cologne une école française. Témoin encore cet autre Gantois, Pierre de Zuttere, qui, en 1576, compose à Rotterdam la première grammaire française éditée en Hollande (1).

Rien d'étonnant, dès lors, à ce que l'ami de Mme de Sévigné, le père Bouhours, voyageant en Flandre, n'en-

____

(1) Albert COUNSON, *Le français à Gand.*

tende dans la société et même dans le peuple que la langue française. Regnard, quelques années plus tard, y devait faire la même constatation.

Bien mieux, des pièces populaires, telles que *le Martyre de saint Adrien,* sont rimées en français au cœur même de la Flandre.

Ainsi, il se trouve que si votre Association n'a que vingt-cinq ans d'âge, forte pourtant d'un passé glorieux, elle ajoute à sa noblesse récente le prestige de traditions séculaires qui lui confèrent une autorité rayonnante.

Donc, mesdames et messieurs, un conférencier parlant devant les membres cultivés de votre Ligue, s'en ferait singulièrement accroire s'il ambitionnait de vous enseigner au sujet de cette langue française que, par votre naissance, vos traditions et l'œuvre que vous poursuivez, vous connaissez mieux que personne.

Mais précisément parce que vous pratiquez cette langue, vous ne trouverez pas déplaisant que je vous en parle.

Une langue qu'on défend est un peu comme une femme qu'on aime, il est toujours agréable d'en parler.

Son histoire que je veux vous retracer, revivez-en les épisodes comme on se rappelle des souvenirs.

Les rivalités qui retardèrent sa formation, écoutez-en les échos à la manière dont les amoureux se souviennent tendrement d'anciennes querelles.

Et si vous connaissez trop bien ce que je vais vous conter, eh bien, dites-vous que ce n'est pas tout à fait ma faute, mais que les langues sont comme les femmes : elles sont bavardes.

Si un voyageur parlant aujourd'hui

du peuple français écrivait cette phrase :
« Le peuple français est un peuple qui
se pique de bravement combattre et
de finement parler », cette formule, encore que bien sommaire, ne rencontre-
rait point de contradicteur.

Elle ne semblerait qu'un hommage,
un peu trop évident, mais un hommage,
rendu à une race qui, de Bayard à
Foch, de Turenne à Joffre ou à Lyautey,
des grands orateurs de la chaire à un
Jaurès, un Poincaré, un Barthou ou un
Barrès, a fourni à l'histoire tant d'orateurs illustres et d'illustres guerriers.

Mais si l'on songe que cette petite
phrase fut écrite il y a près de deux mille
ans, et qu'elle est signée de César, sa
durable vérité nous éclaire singulièrement sur la race française et sur son
destin.

A dire le vrai, César, en écrivant cette

phrase, ne pensait pas encore aux Français, mais aux Gaulois.

Il avait pour cela des excuses toutes chronologiques.

Mais ces premiers Gaulois qui parlaient déjà finement et dont l'indépendance s'opposait au verbe dominateur des Légions, ces soldats éloquents n'avaient pas encore d'écriture et c'est miracle que, sous la pression de la langue latine, sous l'autorité de la langue des vainqueurs et des vaincus ralliés, sous le joug officiel des cités, des armées et des fonctionnaires, c'est miracle que la langue celtique, qui manquait de tous signes extérieurs, n'ait point complètement disparu.

Mais le jour vint où Rome, fatiguée du poids de trop d'empires, subit, comme l'on dit dans les G. Q. G. de tous les temps, une crise d'effectifs. Reculant devant ses conquêtes, elle dut évacuer la Gaule. Ce jour-là, le génie celtique, délivré, rencontra un autre péril.

Mais aux hordes qui envahissaient son territoire, les Celtes, tout ensemble résistants et habiles, empruntèrent des mots que leur sûr instinct choisissait.

Dans cette immense Babel où tout n'était que confusion, leur destin fut de tout ordonner.

Ils adoptèrent l'écriture des vainqueurs et l'architecture de leurs phrases. Avec des termes imagés, puisés dans les idiomes barbares, avec ces mots disparates venus des quatre coins du monde, ils forgèrent des mots nouveaux qu'ils frappèrent à leur effigie.

Au travers de tant d'avatars, la langue française, comme un enfant fragile, subit sa crise de croissance.

Mais déjà elle se détermine, d'année

en année plus robuste, plus sûre d'elle-
même et plus ambitieuse.

Le jour est proche où les fils de Louis
le Débonnaire, se partageant leur em-
pire, signeront un traité qui après les
« Serments de Strasbourg » sera le pre-
mier monument de notre langue nationale.

Ce traité est le traité de Verdun.

Ainsi, l'acte qui pour la première
fois, attestait la naissance de notre
langue, fut signé à l'endroit illustre où
mille ans plus tard, menacée de mort
par la dernière agression barbare, cette
langue devait être sauvée.

Mais avant que de devenir cette langue
lumineuse, directe, précise, avant que
de devenir, recueillant le flambeau
d'Athènes et de Rome, une langue
universelle, il fallait qu'elle fût assurée
de n'être point divisée.

Or, deux races se la disputaient.

Au-dessus de tant de patois que bégayaient encore, non seulement les campagnes, mais des villes, deux dialectes avaient surgi, deux dialectes qui, pour mieux s'affirmer, menaçaient de disjoindre deux pays : le pays d'Oc et le pays d'Oïl.

Les étrangers, mesdames et messieurs, se sont souvent demandé à quoi tint, au cours des siècles, la suprématie de notre langue.

En 1783, l'Académie de Berlin proposa ce questionnaire auquel répondit Rivarol :

« Qu'est-ce qui a rendu la langue française universelle?

« Pourquoi mérite-t-elle cette prérogative?

« Est-il à présumer qu'elle la conserve? »

Vous avez bien entendu, c'est Berlin qui posa cette question au monde.

Ce sont les Allemands, ces Allemands dont les ancêtres ressemblaient singulièrement à leurs descendants, car déjà ils entendaient si peu nos finesses et notre esprit, que Rivarol a pu dire :

« Les Allemands sont des gens qui se cotisent pour comprendre un bon mot. »

Le discours de Rivarol reçut le prix de l'Académie de Berlin.

Ce discours affirmait l'universalité de notre langue, sa clarté, son agrément, sa vigueur et sa politesse.

Il nous prouvait que la philosophie l'avait adoptée parce qu'elle sert de flambeau aux sciences qu'elle traite et qu'elle s'accommode également, et de la frugalité didactique, et de la magnificence qui convient à l'histoire de la nature,

Il affirmait aussi, que sûre, sociale, raisonnable, elle était par excellence la langue humaine, qu'elle était faite pour la conversation, lien des hommes et charme de tous les âges.

Qu'elle était, de toutes les langues, la seule qui eût une probité attachée à son génie.

Qu'elle avait horreur de l'équivoque, du malentendu, de l'incertitude, « ce qui n'est pas clair n'est pas français. »

Il rappelait que la langue française règne dans les traités depuis la conférence de Nimègue, et il ajoutait :

« Grâce à elle, désormais. les intérêts des peuples et les intérêts des rois reposeront sur une base plus fixe ; on ne sèmera plus la guerre dans des paroles de paix. »

Oui, mesdames et messieurs, en dépit de la récente conférence de Washington, et n'en déplaise aux Anglais, qui voudraient bien appliquer au cours des langues le cours des changes, le français reste et demeurera le plus fidèle, le plus probe et le plus clair conducteur de la pensée.

Mais, et ceci pour répondre à des interrogations étrangères, d'où provient précisément cette mesure dans son génie?

D'où viennent cette horreur des extrêmes, cette pondération, ce contrepoids, qui, parfois lui font dire plaisamment des choses sévères, et sérieusement des choses frivoles ; d'où détient-elle le secret de cette prudence, de cette politesse et pour tout dire de cet équilibre?

Eh bien, mesdames et messieurs, c'est dans le creuset où se sont fusionnés deux idiomes réconciliés, qu'il faut en rechercher l'origine.

Nous avons vu que deux dialectes se disputaient la prépondérance.

Au delà de la Loire, la langue d'Oc avec ses mots dorés de soleil, qui sentent le citron, l'olive et la vigne, avec ses syllabes redondantes, avec ses somptueuses voyelles à l'italienne, traînantes et paresseuses, avec son rythme voluptueux que soupiraient les troubadours.

Et au nord de la Loire, la langue d'Oïl, avec ses mots rudes, martelés, ses mots mâles, qui sonnent comme des glaives entre-choqués, et qui ne s'adoucissaient qu'à peine aux lèvres des trouvères.

Ici, le monde latin, tout imprégné de Rome, la terre des oliviers et des cyprès, la terre rouge, chaude et sèche, toute sonore encore des roues du char de César.

Le fleuve franchi, c'est le nord : la

terre plus humide, plus molle, la terre
encore remuée des invasions et qui garde
leurs empreintes barbares.

C'est le nord, avec ses chênes pleins
de légendes et dans le vent froid de ses
printemps courageux, l'essor viril des
épopées.

Deux races : l'une sensuelle, subtile,
délicate, alanguie d'un passé trop lourd
et qui, païenne, garde la nostalgie des
dieux.

L'autre, violente, tenace, héroïque,
dressée vers l'avenir, et qui semble
surgir toute neuve de la grande forêt
celtique.

Deux races sont là, prônant chacune
son dialecte, deux dialectes rivaux,
pire, deux dialectes hostiles.

Un fleuve les sépare, c'est la Loire.
La Loire pourrait les désunir à jamais.
Mais ce serait mal connaître la Loire.

Ses eaux sont douces et un peu lentes. Elles ignorent les crues violentes du Rhône et les soleils exagérés qui, quoiqu'on die, dessèchent parfois la Garonne !

L'hiver, son cours ne s'arrête point.

Ses eaux confiantes et apaisées ne connaissent pas les glaces que charrient la Seine ou la Somme.

Lorsqu'accrue par les pluies d'hiver, elle s'enfle et s'efforce de gronder, elle ne fait, si j'ose ainsi dire, que la blague d'un fleuve du nord.

Mais lorsque basse, en été, elle laisse voir les cailloux de son lit, elle fume comme un torrent bleu aux flancs d'une montagne de Provence.

Ses brusques caprices durent peu, elle est d'humeur nonchalante et sans doute elle ne copie ainsi le nord et le midi que pour contenter tout le monde.

Entre ses deux rives sereines, reflétant avec une égale fidélité les tout petits villages et les très grands châteaux, la Loire est un fleuve conciliateur.

Déjà les femmes du sud de la Loire — il est toujours question de femmes dès qu'il est question de la France — ont découvert que les trouvères chantaient d'une manière rude, mais qui n'était pas si désagréable.

Leurs récits, chargés de batailles, parlaient pourtant d'amour, un amour plus tendre, plus fidèle, un amour plus respectueux que celui auquel les troubadours les avaient accoutumées.

Si le respect et la fidélité ne sont pas les premières vertus que les femmes exigent d'un homme, elles n'en constituent pas moins des qualités dont l'hommage constant les exaspère parfois, mais les touche presque toujours.

Ces épopées mâles et naïves leur ont paru, à tout prendre, plus flatteuses que les galantes histoires de leurs troubadours trop avertis.

Et d'autre part, il est probable aussi que les femmes du nord de la Loire se fatiguaient de tant de récits infiniment purs, pleins de serments éternels et d'un respect trop prolongé. Et pour peu que, de leur temps, cette expression eût existé, elles n'eussent pas hésité à déclarer que leurs trouvères n'étaient plus du tout à la page.

Ce que femme veut...

La Loire d'une part, les femmes de l'autre et la curiosité aidant... La paix était presque signée.

Au reste, le domaine de la famille capétienne, l'Ile-de-France, avec à son cœur Paris, devait décider en dernier ressort entre les deux dialectes.

C'est la langue d'Oïl qui l'emporta.

Mais ce fut une langue d'Oïl qui se pîqua de devoir beaucoup à la langue d'Oc.

Évidemment tous les mots caracolants de Gascogne et tous ceux plus chantants de Provence, tous ces mots méridionaux qui avaient tellement envie de parler, tous ces mots qui se pressaient comme de simples députés aux portes de la langue de l'avenir, ne pouvaient pas tous être reçus. Il a fallu en invalider beaucoup.

On garda les plus précieux, les plus solides, les plus vénérables et c'est ainsi que bien des Cadets ont dû regagner la Gascogne !

Mais précisément, parce que le dialecte nouveau était pris entre deux extrêmes, qu'il devait à la fois ménager le nord sans trop contrarier le midi, il devint en quelque sorte une langue d'union sacrée.

Ayant à choisir entre trop de mots, il se contenta des meilleurs, et, se composant un vocabulaire prudent, il rejeta les termes à double sens et qui pouvaient faire naître quelque incertitude dans les esprits.

Il virilisa les mots du midi, et, sans émasculer ceux du nord, il embellit pourtant leurs rudes syllabes de la robe chatoyante des voyelles.

Voulant être immédiatement compris de tous, il évita les incidences, les inversions, tout ce qui entrave ou obscurcit l'essor rapide et clair des idées.

Ayant besoin de tout le monde, il fut poli.

Ainsi, avant même que d'être la langue de la diplomatie, cette langue était déjà diplomate.

Mesdames et messieurs, c'est parce que durant sa formation il fut contraint à tant de ménagements, de circonspection, de courtoisie, que notre langage doit ses qualités exceptionnelles.

Ces qualités-là, on ne les acquiert généralement qu'avec l'âge. Elles sont l'apanage des langues très vieilles ou des très vieilles gens.

Mais que voulez-vous, notre langue n'a pas eu le temps d'attendre.

Il a fallu qu'elle fût bien élevée tout de suite, qu'elle eût, dès sa naissance, cette expérience dont on ne profite généralement que dans la vieillesse.

Mais comme cependant cette langue était très jeune, jaillissante de sève et pleine de vie, il se trouve qu'elle a pu concilier les vertus de l'âge mûr avec les dons de la jeunesse. C'est pourquoi les étrangers nous portent envie sans nous comprendre, car, s'ils n'ont plus à leur disposition qu'une langue de grammairiens, qu'une forme cristallisée, ils ne sauraient entendre notre vivant langage, et ils nous comprennent moins encore, lorsqu'ils ne disposent que d'un instrument rudimentaire.

Vivant et surtout humain, tel, depuis son origine, ne cesse de nous apparaître le parler français.

Car, en effet, l'on dit la langue germanique, la langue anglaise, la langue italienne ou la langue espagnole, mais l'on dit le parler français.

Notre langue qui connut ses mandarins ne les a jamais pris au sérieux. Ce fut en vain que sous la Renaissance, les poètes humanistes, par amour du grec et du latin, tentèrent de pétrifier, avec des souvenirs glacés, la source vive du langage.

Le parler français n'en tint pas compte.

Plus tard, sous les férules dorées de Rambouillet, lorsque la langue écrite risqua de dépérir d'être trop stylisée, le bon parler frondeur suscite Molière et La Fontaine.

Notre grand Corneille, notre divin Racine, eussent eux-mêmes présenté un danger, — le danger de la perfection — si, sous la langue écrite, comme sous les marbres d'un jardin, n'avait bouillonné la source du parler populaire.

Qu'importe qu'au dix-huitième siècle des salons trop policés se fissent les seuls juges du langage ! Les discours et les cris de la Révolution font éclater ces prisons trop précieuses.

Et, si à son tour, l'emphase théâtrale des amis du peuple risque de rendre déclamatoire la langue du bon goût et de la mesure, voici les premiers réalistes et toute la floraison du dix-neuvième siècle.

Il n'y a pas chez nous, il n'y aura jamais chez nous deux langues distinctes : l'une pour l'élite, l'autre pour le peuple.

Chez nous, il faut écrire comme l'on parle et il suffit de bien parler pour bien écrire.

C'est là notre grande force, notre meilleure supériorité. De là vient que même sous nos rois, notre langue fut démocratique.

Langue aux mille fleurs délicates mais aux mille racines bien enfoncées et qui n'est toujours si renouvelée et si vigoureuse que parce que, sans cesse, elle puise plus avant dans le sol.

Témoins, ces cinq années de guerre, dont la victoire finale, après avoir fait passer le poilu sous l'Arc de Triomphe, le fit entrer à l'Académie.

Et combien d'autres expressions imagées, spontanées, hardies, nées dans une tranchée, se baptiseront sous la coupole.

Cette collaboration étroite, cette fusion constante, assurent la pérennité de notre langue.

Mais pour qu'un même vocabulaire puisse satisfaire à la fois le peuple et l'élite, combien il faut qu'un peuple soit racé !

Sans doute notre langue simple et directe facilite tous les échanges.

Sa richesse réside moins dans l'abondance de ses termes, que dans le choix qui les a élus.

C'est ainsi que le plus grand de nos auteurs comiques, Molière, avant que de faire jouer ses pièces, les pouvait lire d'abord à sa bonne,

Je sais bien ce qu'un Descartes ou un Pascal peut offrir encore d'hermétique à ce qu'on appelle trop vulgairement le vulgaire, mais ce ne sont pas les idées qui mènent les hommes, ce sont les sentiments, et il n'y a pas d'âme plus réceptive à tout ce qui est généreux, comme l'âme française. Comme l'âme française, et j'ajoute avec une fierté que je tire de mes origines, comme l'âme belge.

Au lendemain de cette guerre, où vous fûtes les premiers à mourir, dès que l'on prononce le mot de générosité, c'est à vous désormais que l'on pense.

Comme ces nobles héros de nos chansons de gestes, où le chevalier incarnait le courage et le bon droit et sa dame la pitié et la vertu, votre roi et votre reine, dans un temps où l'on n'en écrit plus, ont ajouté au cycle de nos plus belles légendes, une épopée qui les rejoint et les surpasse.

Depuis la guerre, j'ai souvent entendu dire à Paris :

« Ah! ce que les Belges ont fait à Liége, à Dixmude, à Nieuport, ce qu'ils ont fait là, comme c'est français ! »

Sans doute, il eût été plus logique de s'écrier :

« Ce qu'ils ont fait là, comme c'est belge ! »

Mais dans la naïveté un peu orgueilleuse de cette exclamation, combien il entre de fraternité et de tendresse.

Peut-être en songeant que vous affrontiez la mort avant eux, vos voisins ont-ils éprouvé cette jalousie que l'on ne ressent jamais que lorsque l'on aime.

Cet amour que la guerre a cimenté dans tant de souffrances communes, cet

amour-là, plus personne n'ose le mettre
en doute aujourd'hui.

Mais beaucoup voudraient le dé-
truire.

Ils ont essayé, ils essayent, ils es-
sayeront encore, mais ils ne réussiront
pas. Alors, ils se vengent.

Ils tentent de nous induire en erreur
grossière et de nous faire accroire que le
mot flamand s'oppose au mot français.

Comme si nous ne savions pas que,
parmi les Flamands, la langue française
compte des milliers et des milliers
d'amis !

Mais sans se décourager, ils voudraient rendre étrangère à la France la
patrie de votre grand Verhaeren, la
patrie d'un Rodenbach, d'un Lemon-
nier, d'un Charles de Coster, d'un Van
Lerberghe, d'un Maeterlinck, d'un Yvan
Gilkin, d'un Albert Giraud, d'un

Georges Eeckhoudt, d'un Eugène de Molder, d'un Maurice de Waleffe, d'un Valère Gille, d'un Albert Samain, d'un Émile Picard, d'un Albert Mockel, d'un Georges Garnir, d'un Paul André ou encore d'un Albert du Bois, d'un Kistemaekers, d'un Fonson, d'un Crommelynck, d'un Wicheler, sans omettre vos grands publicistes : les Roland de Mares, les Rotiers, les Dumont-Wilden, les Clément Vautel, les Van Zyppe, et j'en passe, je m'en excuse. Ils sont légion.

Mais nos ennemis vont plus loin : par la parole, par la presse, ils insinuent, ils affirment que les Flamands ne peuvent s'entendre avec les Français, que Flamands et Allemands ne sont qu'une seule race et que tant au point de vue de la culture que du caractère, un Flamand et un Allemand c'est la même chose.

Les Herr professor ont la mémoire

courte, ou alors bien complaisante car, déguisés en officiers de la Landsturm, ils ont tout de même dû s'apercevoir, quand vos poilus les forcèrent, il n'y a pas si longtemps, à repasser l'Yser, ils ont dû s'apercevoir à ce moment-là, que Flamands et Allemands, ce n'était pas tout à fait la même chose.

Pourtant, à force de propagande ou de mensonges — et dans le cas de la propagande allemande, cette fois c'est bien la même chose — ils ont réussi parfois à créer entre nos deux grands pays des malentendus qu'ils soufflaient sur nous comme des gaz. Mais ces gaz-là sont moins nocifs que les autres.

Ce ne sont même pas des nuages, ce sont des nuées.

Il suffit de deux phrases prononcées en français pour tout clarifier et c'est bien ce qui les chagrine.

Ces messieurs de la kultur doivent se dire derrière leurs lunettes :

« Quel malheur que les Belges et les Français ne parlent pas encore l'allemand, comme tout le monde, car, dans notre forte langue compliquée, savante et chimique, toutes les confusions subtiles, toutes les favorables obscurités, tous les faux jours pratiques, tout ce qui est trouble, indécis, déloyal, tout cela peut si aisément se glisser !

« Un traité en français, cela signifie un traité. Comme cette façon de voir est primaire !

« Un traité ! Mais nous, en Allemagne, nous avons mille mots pour dire cela !

« Nous disons : un léger accord, un petit engagement, une vague promesse, une parole d'honneur enjouée, un projet de contrat, un chiffon de papier.

« C'est que nous, Allemands, nous

avons soin de mettre tout au bout d'une longue phrase, un verbe qui, placé plus haut, suffirait à l'éclairer.

« Nous savons composer des substantifs qui ont plusieurs sens, et nous les opposons les uns aux autres avec délikatesse. Et avec cela, nous avons un tel génie de l'incidente, que dans une phrase qui risquerait tout à coup d'être nette, c'est-à-dire dangereuse, il nous suffit d'intercaler une demi-douzaine de substantifs composés, additionnés de quelques adjectifs de quantité, le tout saupoudré d'une petite brume d'adverbes, il nous suffit de faire cela, pour rendre cette phrase si claire, parfaitement inintelligible. »

Mesdames et Messieurs,

Il faut que nos voisins d'outre-Rhin en prennent leur parti, nous ne parlons pas l'allemand, et il y a bien des chances pour que nous parlions français quelque temps encore.

La langue française est l'une de vos deux langues nationales, vous parlez et écrivez le français aussi bien que nous-mêmes. C'est dire qu'il n'y aura jamais entre nous de malentendus profonds, il n'y aura que des querelles de ménage.

Et si, depuis tant de siècles, vous avez adopté comme la vôtre, cette langue, nette, généreuse, loyale, n'est-ce point pour la raison qu'elle exprime avec facilité votre cœur?

Même élevé en flamand, dès que l'un des vôtres s'en donne la peine, il parle le français comme un Carton de Wiart, un Broqueville, un Theunis, un Destrée, un Deveize ou un Paul Hymans, et l'écrit comme un Maeterlinck.

Allez donc demander la même chose à un Allemand !

Bien mieux, les œuvres de vos écrivains autochtones et qui traduisent des sentiments du terroir, tout en enrichissant les lettres de votre pays, s'incorporent à notre littérature.

Vos grands poètes sont nos grands poètes.

Nous savons tous que Verhaeren est Flamand, mais il n'y a pas chez nous un Français qui ne le revendique.

Et ce que je dis de Verhaeren, je pourrais le dire de tous vos poètes et de tous vos romanciers.

Nous avons une manière commune de penser, de sentir, de souffrir, et, hélas ! nous l'avons vu pendant cinq ans, la même manière de mourir.

Nous avons le même idéal, nous

aimons les mêmes vertus et nous avons horreur des mêmes vices.

Les mots : « Loyauté, Dignité, Courage, Sacrifice », cela se prononce peut-être un peu différemment à Gand qu'à Paris, mais cela s'exprime de la même manière.

Et c'est pour cette raison que lorsqu'un Français vient chez vous, à Gand, même un Français qui n'est pas Belge..., il a l'impression de n'avoir pas quitté sa terre natale.

Que voulez-vous, mesdames et messieurs, il est des choses contre quoi l'Allemagne ne pourra jamais rien, quand bien même elle y emploierait sa chimie et sa propagande, c'est qu'en dépit de la distance et des frontières, il n'y ait des cœurs de la même famille !

FIN

Cet ouvrage a été achevé d'imprimer par

Plon-Nourrit et Cie*,*

à Paris, le 27 février 1924.

PARIS

TYPOGRAPHIE PLON-NOURRIT ET Cie

8, rue Garancière